Somos amigos

Lada Josefa Kratky

Fotografías por
Fernando y Barbara Batista

HAMPTON-BROWN BOOKS
FOR BILINGUAL EDUCATION

Quien sabe dos lenguas vale por dos.®

Somos dos.

Somos tres.

Somos cuatro amigos.

Somos cinco.

Somos seis.

Somos muchos amigos.